シンレス京都のレシピそのまま！

低糖質なのに本格派のお菓子

阪本 久枝

秀和システム

はじめに

　シンレス京都は、1999年シンガポールに移住した私、阪本久枝が、予防医学先進国シンガポールで長年培ったノウハウと、シンガポール政府の依頼にてレシピ開発をした経験などを活かし、生まれ育った京都で開業したお店です。ラボラトリー（研究室）として開発・製造・販売を軸に、低糖質・グルテンフリーなどの「処方菓子」に特化しています。

　長年過ごしたシンガポールを離れ、帰国した2011年には、日本では「低糖質」という言葉はまだ認知されておらず、お店では週に1つ売れる程度でした。そんな中、2018年に前著『昨日より太らないお菓子できました。』を出版する機会をいただきました。当時は低糖質関連の本はほとんどなく、低糖質菓子の第一人者として、限りなく糖質を抑えながらもおいしく安心して食べることができるレシピを数多く考案し、焼き菓子からケーキまで幅広いラインナップのお菓子を1冊にまとめ、好評をいただきました。

　その後、時代とともに「低糖質」は日本中に広く知られてきました。私が講師を務めている大学の授業では、毎年、まず最初に「低糖質を知っている人は挙手をお願いします」と聞いています。この質問に対して、2018年の着任時に手が挙がったのは1クラスのうちの2〜3名程度でしたが、昨年頃からは受講生全員の手が挙がるようになりました。現在は書店にも多数の低糖質のお菓子の本が並ぶようになり、業界を担う1人としてこの変化をうれしく思っています。

　このように「低糖質」が日本国内で浸透しつつありますが、私自身は、単に糖質が低ければよいと考えているわけではありません。この数年で、

「糖質は絶対5g以下」と限定するようなストイックな低糖質の概念も出ていますが、この本では、低糖質のボーダーといわれる10gを少し超えているレシピもあります。それらは、単に糖質だけを考えているわけではなく、ほかの栄養素やGI値といった全体的なバランスを勘案した「上質な糖質」としての摂取をお勧めしているものです。

　とりわけ「シンレスカヌレ」は、阪本久枝のシグネチャースイーツとして開業当初からメディアにも多く取り上げられており、安心で誰からも好かれるお菓子として、国内外からお求めいただいています。この本でも、そのカヌレをご自宅でも作っていただけるように、お店のレシピを家庭でも作りやすい分量で紹介しています。

　この本を読んでお菓子をたくさん作り、さまざまなアレンジをしてみて、自分自身による唯一のレシピを構築してください。たくさんの方に、おいしさと健やかさを両立した1つのメソッドとして、阪本久枝流の低糖質レシピを楽しく気軽に取り入れていただけたら幸いです。

低糖質菓子研究家・カヌレ研究家

阪本久枝

Contents

●この本について
・分量は、グラム表記を基本としていますが、液体は cc で表記しているものがあります。それらは、グラムの数値と誤差がないものに限っています。cc 表記の材料でも、グラムで計算して差し支えありません。
・室温は 20 〜 25℃を想定しています。
・手順の写真でスタンドミキサーを使用しているものがありますが、ハンドミキサーでも問題ありません。
・丸型、角型などと記載している場合、生地がくずれやすいものが多いため、全て底が抜けるタイプの型をお勧めします。本書でセルクルを多用しているのも同様の理由です。
・本書では、電気オーブンでの加熱温度、加熱時間を表記しています。
・オーブンの加熱温度、加熱時間、焼き上がりは、機種によって異なります。表記の温度、時間を目安に、使用するオーブンに合わせて調整してください。
・加熱調理の際にラップや紙類などを使用する場合は、使用説明書に記載の耐熱温度を確認の上、正しく使用してください。
・糖質は「日本食品標準成分表 2020 年版（八訂）」による、利用可能炭水化物量に基づいて計算しています。甘味料の糖質は商品によって異なるので、考慮していません。

本書で使用している器具と材料

私が実際に使用して、使いやすいと思った器具と材料を参考までにお伝えします。レシピの分量は、これらを使っています。ここに挙げたものを必ず使わなければならないというわけではないので、ご自身で使い慣れたもので、自分なりのお菓子を作ってみてください。

キッチンエイドミキサー

私の右腕そのもの。ボディが安定しているため攪拌がしやすく、何よりパワフル。メレンゲを作ると、その違いは明らかです。

株式会社シナジートレーディング
https://www.kitchenaid.jp/

キッチンエイドフードプロセッサー

歯が大きく回るので、切り混ぜる作業には最適です。クッキー生地、ガナッシュが分離した際に使うと、つるんとキレイな生地になります。

株式会社シナジートレーディング
https://www.kitchenaid.jp/

ラカントホワイト

低糖質のお菓子を作る上で欠かせない甘味料です。ラカントホワイトは白いので、メレンゲなどを作る際にも色が付かず、使いやすいです。

サラヤ株式会社
https://www.lakanto.jp/

ラカントS

コクのあるラカントの個性的な旨味が感じられる材料です。タルト生地や濃い味のもの（チョコレートなど）と混ぜて使います。

サラヤ株式会社
https://www.lakanto.jp/

ナチュレS（液体甘味料）

味付けの邪魔をせずに甘みだけを感じる甘味料です。砂糖の1/3の量で甘さが同じなので、上手に使うとお菓子が作りやすくなります。

株式会社浅田飴
https://www.asadaame.co.jp/nature/

バニラビーンズ

低糖質のお菓子を作る上で一番大事なのは、余韻に残る香りです。
LIT VANILLA さんのバニラビーーンズは、お手頃価格でお勧めです。

LIT VANILLA
https://shop.litvanilla.com/

アーモンドパウダー

小麦粉の代替として最も重要な材料がアーモンドパウダーです。イデア
さんのアーモンドパウダーはキメが細かいので使いやすく、お勧めです。

低糖質&ナチュラルフード イデア
https://www.rakuten.co.jp/roombania/

中沢フレッシュクリーム36%

軽いものを作りたいとき、飾り用の生クリームを作りたいときには36%
の生クリームがお勧めです。

中沢乳業株式会社
https://www.nakazawa.co.jp/

中沢フレッシュクリーム45%

何かもの足りないというときには、45%の生クリームを使ってみてくだ
さい。しっかりとしたコクが出るので、お菓子の格が上がります。

中沢乳業株式会社
https://www.nakazawa.co.jp/

Nakazawa バターミルク

バターミルクは、パサつく生地をまとめたり、口当たり滑らかにしてく
れます。瓶に分けて入れて冷凍保存できます。

中沢乳業株式会社
https://www.nakazawa.co.jp/

牛乳

乳本来のコクと香り、おいしさをそのまま味わえる成分無調整牛乳は、
おいしいカヌレを作る上でとても重要な材料です。

中沢乳業株式会社
https://www.nakazawa.co.jp/

炒りごま（黒）

胡麻の味をより強く出したいときに使います。飾りに少し付けると、胡麻好きにはたまらない風味を楽しめます。

山田製油株式会社
https://www.henko.co.jp/

炒りごま（白）

軽やかな香りを楽しめるのが、うれしい炒り胡麻です。白胡麻はさまざまなところで使えるので、低糖質のお菓子でも重宝します。

山田製油株式会社
https://www.henko.co.jp/

すりごま（黒）

本書では、リッチなすり胡麻を粉の代わりに使います。口に残る胡麻の食感も、最後まで香りを楽しめる秘密です。

山田製油株式会社
https://www.henko.co.jp/

ねりごま（白）

混ぜ込んで使うと油脂分の代わりにもなり、風味も楽しめます。山田製油さんの練り胡麻は、硬くならないので使いやすくてお勧めです。

山田製油株式会社
https://www.henko.co.jp/

ゴマプードル

山田製油さんだからできる胡麻パウダーは、本当にいい仕事をしてくれます。シンレス京都にとっては、なくてはならない材料です。

山田製油株式会社
https://www.henko.co.jp/

ボールとザル、クリステルの鍋

チェリーテラスさんのボールとザルは、美しいだけではなく機能的。ボールもザルも重ねて保管できます。クリステルのお鍋は、一生ものです。

チェリーテラス
https://www.cherryterrace.co.jp/

白あん、ピスタチオパウダー、太白ごま油ほか
富澤商店さんは、実際に商品を手に取れるのが楽しいお店ですが、ネット販売もお勧めです。少量ずつほしいものが選べるのがありがたいですね。

株式会社富澤商店　　https://tomiz.com/

Part 1 タルト

フレッシュベリータルト

1/6カットあたり
糖質
8.6g
エネルギー
339kcal

フルーツの中でも糖質が低いベリー系を使ったタルトです。濃厚なマスカ
ルポーネのクリームが不思議とさっぱり味わえます。基本のタルト生地の
作り方も、ここで紹介します。

材料 （直径15cmセルクル1個分）

タルト生地
　基本のタルトの材料

アーモンドクリーム
　基本のアーモンドクリームの材料

イチゴと赤ワインのジャム
イチゴ（冷凍でも可）	……	500g
赤ワイン	……	80cc
ラカントS	……	50g
アガベシロップ	……	8g

シンレスクリーム
マスカルポーネ	……	65g
アガベシロップ	……	10g

飾り用
ジャム	……	10g
フレッシュベリー（イチゴ・フランボ ワーズ・ベリー）	……	100g
チャービル・ミントなどのフレッシュ ハーブ	……	適量
36%生クリーム	……	75cc
液体甘味料	……	5g

 下準備

・タルト生地：材料は全て、あらかじめ冷やし
　　　　　　　ておく
・アーモンドクリーム：材料は常温に戻しておく

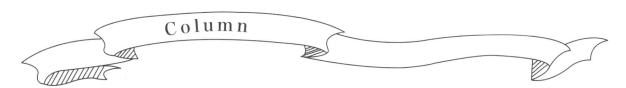
Column

ベリーは低糖質の味方！

　イチゴを始めとするベリーは、ほかのフルーツに比べると100g当たりの糖質量が低く、老若男女問わずに人気があります。最近では、特にイチゴは季節を問わずに購入できるようになりましたし、ブルーベリーやブラックベリー、フランボワーズも手に入りやすくなりました。

　見た目にも華やかなので、ベリーで飾ったケーキを店頭に並べると、「これは普通のケーキですか？」と質問されることもあります。特にお祝いしたいと

きは、ふんだんに使って大事な人の笑顔が見てみたいものです。

　イチゴなどは傷みやすいのですが、残った場合は冷凍にしておき、ある程度溜まってきたらジャムにします。また、生のベリーが手に入らない場合は、少し雰囲気は変わってしまいますが、ジャムを用いて焼き込んだり、生クリームなどに混ぜてシャンティにしたりと工夫しています。そんな風にアレンジして、楽しんでみてください。

基本のタルト

この生地の作り方を覚えておけば、季節のフルーツやチョコ、チーズなど、さまざまなバリエーションのタルトが作れます。この本で紹介するタルトのベースになります。

材料 （直径15cmセルクル1個分）

無塩バター	……	50g
アーモンドパウダー	……	40g
コーンスターチ	……	28g
胡麻パウダー	……	12g
ラカントS	……	25g
全卵	……	1/2個

下準備

・材料は全てあらかじめ冷やしておく
・オーブンは180度に余熱しておく

1
フードプロセッサーに全卵以外の材料を全て入れる

2
全卵を少しずつ入れて、一塊になるまで混ぜる

3
台の上に取り出して、1つにまとめる

4
厚めのビニールシートの間に挟む

5
綿棒で、平たく押し延ばす

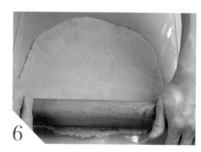

6
厚さ3mm程度に延ばす

7
6.の状態で、冷蔵庫で最低2時間、できれば一晩休ませる

8
セルクルを使って型取りをする

9
セルクルを付けたまま、冷凍庫で冷やす

基本の
アーモンドクリーム

ラム酒が効いた、ちょっと大人の味です。
タルト生地の上に絞り出します。

 材料 （直径15cmセルクル1回分）

A	無塩バター	……	60g
	全卵	……	1個
	アーモンドパウダー	……	50g
	ラカントホワイト	……	100g
	ラム酒	……	小さじ2

下準備

・材料は常温に戻しておく

1
ボールにAを入れて泡立て器で
混ぜ、アーモンドパウダーを加える

2
全卵を少しずつ加え、泡立て器
の跡が筋状に残るくらいに混ぜる

3
さらにラム酒を加えて、ムラな
く混ぜる

4
ゴムベラで持ち上げられるくら
いの状態にする

5
11mmの口金を付けた絞り出し
袋に入れ、カードで先に詰める

6
写真のように、握るようにして
持つ

7
6.の状態でねじり、中身を押し
出す準備をしておく

8
中心から円を描くように絞り出す

9
この状態で焼く

作り方

● イチゴジャム

1
イチゴをザルに入れて、流水
で洗う

2
イチゴと材料を全て鍋に入れ
て強火にかけ、一度煮立たせる

3
弱火にしてアクを取りながら、
30分程度、このくらいまで煮る

● シンレスクリーム

1
マスカルポーネとアガベシ
ロップを泡立て器で混ぜる

2
このくらいの状態になるまで
混ぜ、ゴムベラで滑らかにする

3
生クリームに液体甘味料を加
え、氷水に当てながら泡立てる

● 仕上げと飾り付け

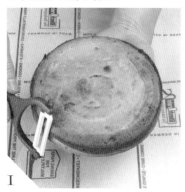

1
ピーラーで縁をきれいに揃える

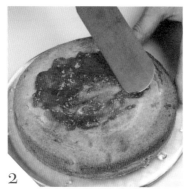

2
粗熱が取れたら、適量のジャム
を乗せ、スパチュラで伸ばす

3
その上にシンレスクリームを
乗せ、スパチュラでならす

14

4

星口金の絞り袋にシンレスク
リームを入れ、絞り始める

5

バランスよく、等間隔になる
ように絞っていく

6

ぐるりと一周絞る

7

配置を考えながら、半分に切っ
たイチゴを外側から並べ始める

8

ボリュームが出るように、中
心には高く盛る

9

イチゴの間にブルーベリーを
見栄えよく飾る

10

フランボワーズも飾る

11

ミントをあしらう

12

全体を見て、バランスよく仕
上げる

マンゴーココナッツタルト

食物繊維の豊富なマンゴーは女性にうれしいフルーツ。正しく計量して、
おいしく、満足感のある絶品タルトに！

一個当たり
糖質
6.6g

エネルギー
268kcal

材料 （直径6cmセルクル6個分）

マンゴージャム

冷凍マンゴー	……	50g
アガベシロップ	……	8g
ラカントS	……	50g

タルト生地

無塩バター	……	50g
アーモンドパウダー	……	40g
コーンスターチ	……	23g
胡麻パウダー	……	1g
ラカントS	……	25g
全卵	……	1/2個

アーモンドクリーム

無塩バター	……	60g
全卵	……	1個
アーモンドパウダー	……	50g
ココナッツファイン	……	10g
ラカントホワイト	……	60g

飾り用

ココナッツファイン	……	5g
マンゴージャム	……	60g

（8gフィリング用・残りは仕上げ用）

 下準備

・マンゴージャムを作って、一晩冷やしておく
・タルト生地を作る（→12ページ）
・アーモンドクリーム（→13ページ）のラム酒を
　ココナッツファインに変更し、工程5まで作っ
　ておく
・オーブンは180度に予熱しておく

C o l u m n

甘味料について

　甘味料は、砂糖やエリスリトールなどの植物由来の天然甘味料とアスパルテームやスクラロースなどに代表される人工甘味料に分けることができます。シンレスが利用しているものは天然甘味料ですが、種類も多く、手に入りやすいので、とても使いやすいです。

　前著では、砂糖の1/3量で済む「1/3量甘味料」を推奨していましたが、それから月日が経ち、いろいろなブランドから、ポテンシャルの高い甘味料が発売されています。そういったものを取り入れると、味に広がりを出すことができるようになりました。糖質が多かったりお値段が高くて使いにくいというデメリット

もあるのですが、シンレスメソッドとしては、上手にこれらを使い分け、味に重きを置きつつも、糖質計算をした上で、適切に摂取してほしいと考えています。

　近年はヴィーガンブームもあり、メープルシュガーは需要と供給のバランスが原因で高騰しており、なかなか使いにくい素材になってきました。そこで、この本では、GI値30台と低めで、比較的購入しやすいアガベシロップを使ったレシピを紹介しています。コクのある味でありながら、その他の甘味料と万能的になじむもので使いやすいです。甘みもしっかり感じられるので、少量の使用でもマスキング効果が高く、お勧めです。

作り方

●保存瓶の煮沸消毒

1
鍋にたっぷりの水と保存用ガラス瓶と蓋を入れて、火にかける

2
沸騰したら火を弱めて、10分ほど煮る

3
バットに網などを敷き、逆さに置いて、完全に水気を切る

●マンゴージャム

1
冷凍マンゴーをザルに開けて流水で洗い、水気を切る

2
鍋に冷凍マンゴーと材料全てを入れて、弱火にかける

3
ていねいにアクを取りながら、30分程度煮る

4
若干とろみがついてきたタイミングで火を止める

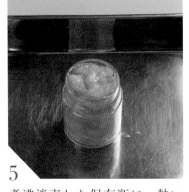

5
煮沸消毒した保存瓶に、熱いままのジャムを入れる

6
蓋をして逆さまにして粗熱をとり、冷蔵庫で一晩寝かせる

●マンゴーココナッツタルト

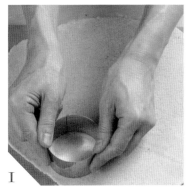

1

セルクルで抜き、そのまま冷
凍庫で休ませる

2

真ん中にマンゴージャムを8g
フォークなどで乗せる

3

写真のように、6個全てにジャム
を乗せる

4

その周りにアーモンドクリー
ムを絞り出し袋で入れる

5

180度に余熱しておいたオー
ブンで、約25分焼く

6

セルクルは、熱いうちにナイ
フなどを使って外しておく

7

熱いうちに刷毛でマンゴー
ジャムを薄く塗り、粗熱をとる

8

ボールにココナッツファイン
を入れ、6を逆さにしてまぶす

9

写真のように、まんべんなく
まぶせれば完成

バナナタルト

一個当たり
糖質
8.4g
エネルギー
283kcal

糖質の高いフルーツ代表のバナナをあえて使用しています。意識的に
摂りたい栄養素のカリウムが豊富なので「上質な糖質」といわれます。
しっかり計量して糖質量を把握しましょう。

材料 （直径6cmセルクル6個分）

バナナのソテー

バナナ	……	1本
ラカントS	……	25g
ラム酒	……	小さじ1

タルト生地

無塩バター	……	50g
アーモンドパウダー	……	40g
コーンスターチ	……	23g
胡麻パウダー	……	12g
ラカントS	……	25g
全卵	……	1/2個

アーモンドクリーム

無塩バター	……	60g
全卵	……	1個
アーモンドパウダー	……	50g
ラカントホワイト	……	25g
ラム酒	……	小さじ2

飾り用

バナナ	……	1本
アーモンド	……	20g

 下準備

・バナナソテーを作り、一晩冷やしておく
・タルト生地（→12ページ）を作り、セルクルで抜き、セルクルが付いたままの状態で冷凍庫で休ませておく
・アーモンドクリーム（→13ページ）を工程5まで作っておく
・オーブンは180度に予熱しておく

・飾り用のアーモンドは、フードプロセッサーで好みの大きさに砕いておく

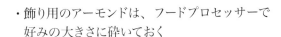

21

Point

> 残りのバナナソテーを
> 冷蔵庫で保存する場合、
> 2週間をメドに使い切る

作り方

I

鍋に、バナナと甘味料を入れ、甘い香りがしてトロトロの状態になるまでソテーする

2

ゴムベラで軽く潰しながらソテーする

3

ラム酒を注ぎ、アルコール分を飛ばし、火を止める

4

バットに移して粗熱をとり、冷蔵庫で完全に冷やす

5

下準備していたタルト生地は、セルクルの周りが冷えるまで冷凍庫に入れておく

6

フォークなどを使って、真ん中にバナナソテーを8g乗せる

7

絞り出し袋にアーモンドクリームを入れ、タルトの周りをぐるりと一周させる

8

スプーンを使って、飾り用の砕いたアーモンドをセルクルのふちに散らす

9

飾り用バナナは、2mm程度にスライスしておく

IO
バナナを写真のように飾り、180度に余熱しておいたオーブンで約25分焼く

II
セルクルは、熱いうちにナイフなどを使って外しておく

> このタルトは、温かいままでもおいしく、しっかり冷やしてもおいしいです！

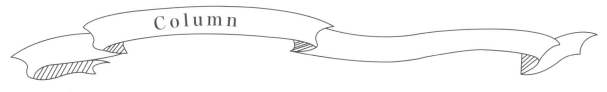

Column

GI って何？

　GIとは、「Glycemic Index」（グリセミック・インデックス）の頭文字をとったもので、食後血糖値の上昇を示す指標のことです。一定時間に血糖値が急激に上がらず、緩やかな上昇となる食材を「低GI値食品」と呼び、それらを選ぶことで、ストイックな糖質制限をせずにインスリンの分泌を抑えます。低GI値食品を取り入れた食生活は、日本ではまだ馴染みが薄いのですが、私が長く生活をしていたシンガポールを始めとする東南アジア、ヨーロッパ・アメリカ・中近東などの各国では糖質制限食よりも浸透しています。

　そのためには、できるだけ低GI値食品を摂取するようにしたいものですが、それは、どうやって判断すればよいのでしょうか。私は、初心者には「茶色いものを選びましょう」と伝えています。たとえば、白い食パンよりもライ麦や全粒粉のパンを選ぶといったことです。甘味料では、白いお砂糖ではな

く、和三盆や甜菜糖、メープルシロップ、アガベシロップが挙げられます。日本ではなかなかGI値を調べにくいのですが、今はインターネットという便利なツールがあるので、気になる食材のGI値を調べてみてください。慣れてくれば、とても簡単に取り入れることができるお勧めの食生活です。

　さて、このタルトに低糖質のタブーといわれるバナナをレシピに入れた理由は……、実はバナナはフルーツの中では低GI値なんです！　そして、カリウムを始めとする人間のカラダにとって大切な栄養素が豊富です。そのため、活動時間が長くなる朝や昼に摂取するには、ぴったりです。

　糖質制限食の中では、バナナを食べてはいけないといわれることもありますが、このようなことを考えると、むしろ取り入れたい食材です。もちろん、そのためには、しっかりと糖質を計算して、上手にコントロールしていく必要があります。

宇治抹茶クリームのタルト

京を代表する宇治のお抹茶を使ったタルトは香りが芳醇で見た目も
爽やか。まろやかな生クリームに宇治抹茶のほどよい苦味がたまら
ないバランスです。

一個当たり
糖質
6.6g

エネルギー
361kcal

材料 （直径6cmセルクル6個分）

タルト生地

無塩バター	……	50g
アーモンドパウダー	……	40g
コーンスターチ	……	23g
胡麻パウダー	……	12g
ラカントS	……	25g
全卵	……	1/2個

抹茶のアーモンドクリーム

無塩バター	……	60g
全卵	……	1個
アーモンドパウダー	……	45g
宇治抹茶	……	8g
ラカントホワイト	……	75g

飾り用

36%生クリーム	……	150cc
宇治抹茶	……	5g
液体甘味料	……	10g
京宇治抹茶	……	3g
	（振りかける用）	

下準備

・アーモンドパウダーと宇治抹茶を一緒にして、よく混ぜておく
・ボールに飾り用京宇治抹茶と生クリームを入れ、抹茶が馴染むまで冷蔵庫で冷やしておく

作り方

1. 基本のタルト生地（→12ページ）からアーモンドクリーム（→13ページ）の粗熱をとる工程まで、同じように作る
2. 粗熱がさめたら、デコレーションにとりかかる
3. ミキサーを使って、あらかじめ冷やしておいた抹茶生クリームを氷水にしっかり当てながらしっかりと泡立てる（写真1～2）
4. お好みの口金を付けた絞り出し袋に3.を入れ、デコレーションする（写真3～8）
5. 180度に余熱しておいたオーブンで、約25分焼く（写真9～10）
6. 仕上げに京宇治抹茶を茶漉しで振りかける（写真11～12）

Part 2　チーズケーキ

ザ・チーズ

お取り寄せでも大人気の濃厚な味わいで満足感のあるチーズケーキです。
それにもかかわらず、シンレス京都で最も糖質が低いお菓子の1つです。

1/8カット当たり
糖質
2.4g

エネルギー
306kcal

材料 （直径15cm型1台分：底が抜けるタイプを使用）

生地

クリームチーズ	……	450g
ラカントホワイト	……	30g
アガベシロップ	……	5g

アングレーズ

A	卵黄	……	3個分
	ラカントS	……	70g
	45%生クリーム	……	150cc
	バニラビーンズ	……	1/3本

 下準備

・型の底面には丸くカットした敷紙、側面には長方形にカットした敷紙をセットしておく
・バニラビーンズは、さやをナイフでタテに割き、刃先で種をしごき出しておく（下写真1～3）

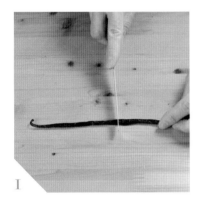  

1　　2　　3

・オーブンは170度に予熱しておく

Column

チーズケーキが切り分けにくいときには？

　この本で紹介しているチーズケーキは、粉類を一切入れていないので、冷蔵庫でしっかり冷やしたとしても切り分けにくいかもしれません。

　お店では、冷凍庫でしっかり冷やし固め、少し常温においてからナイフを入れてカットします。その際には、ナイフを熱い熱湯に当てて少し温めるか、ガスバーナーなどを用いて少し温めてから切ることをお勧めします。面倒ですが、そのつど、刃をきれいに拭き取って、また温めてを繰り返して切ると上手に切り分けられます。

●アングレーズ

I

鍋に生クリームとバニラの種を
入れて温め、沸騰直前で止める

2

アングレーズの材料（Ⓐ）を
ボールに入れる

3

泡立て器でしっかりと混ぜ合
わせる

4

Iの生クリームを3のボールに
少しずつ注ぎながら、混ぜる

5

完全に甘味料が溶けるまで、
しっかりと混ぜる

6

鍋に戻し、焦げないように弱
火でゴムベラで絶えず混ぜる

7

とろみが付くまで煮る

8

一度濾してから、ボールなど
に移す

9

氷水に当てて冷ます

● ザ・チーズ

I
敷紙は、型の底面用に丸く、側
面用に長方形にカットしておく

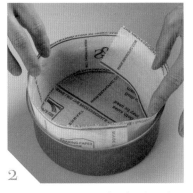

2
写真のように、底面と側面に
セットする

3
別のボールに全ての生地材料
を入れ、ミキサーでほぐす

4
クリーム状になるまで、さら
によく混ぜる

5
4に、よく冷えたアングレーズ
を少しずつ入れ、よく混ぜる

6
滑らかなクリーム状になるま
で、よく混ぜる

7
型に移し、底を数回軽く打ち
付けて生地の中の空気を抜く

8
170度に余熱しておいたオー
ブンで、40分焼く

9
粗熱をとり、冷蔵庫でしっか
りと冷やす

こんがり焦がしたチーズケーキ

いわゆる「バスクチーズ」。表面はわざと焦がし、程よい苦味がちょうどいい。
ワインに合わせて食後のデザートにもお勧めです。

1/10 カット当たり
糖質
1.9g
エネルギー
248kcal

材料 （直径18cm型1台分：
底が抜けるタイプを使用）

クリームチーズ	……	400g
ラカントホワイト	……	90g
アガベシロップ	……	5g
全卵	……	3個
45%生クリーム	……	200cc
ラム酒	……	小さじ2

 下準備

・型には、あらかじめしっかりと水に浸してよく
絞った状態の紙を正方形にカットしてセットして
おく（磁石などで型の外側を止めると安定する）

・オーブンは250度に予熱しておく

作り方

1. クリームチーズ、甘味料、アガベシロップをボールに入れる
2. 人肌程度の湯煎にかけながら、泡立て器でクリーム状になるまで混ぜ合わせる（写真1）
3. ほぐした全卵を少しずつ（3回程度に分け）加えて、そのつどしっかりと混ぜる
4. 生クリーム、ラム酒の順に加え、しっかりと混ぜる
5. 混ざったら、準備しておいた型に流し入れる（写真2）
6. 250度のオーブンで35分焼く
7. 粗熱をとり、しっかりと一晩冷蔵庫で冷やす（写真3）
8. 型から外し、切り分ける際には紙を取る

黒胡麻のガトー・フロマージュ

黒胡麻の香りが胡麻好きにはうれしいお菓子です。軽い口当たりのあと
にやってくる香ばしい胡麻の余韻をお楽しみください。

1/10 カット当たり
糖質
1.8g

エネルギー
179kcal

材料 （直径18cm型1台分：底が抜けるタイプを使用）

生地

クリームチーズ	……	200g
白胡麻ペースト	……	30g
36%生クリーム	……	70cc
卵白	……	3個分
ラカントホワイト	……	100g
卵黄	……	3個分
黒すり胡麻	……	38g

メレンゲ用

ラカントホワイト	……	24g

飾り用

白胡麻ペースト	……	10g
黒すり胡麻	……	8g

 下準備

・オーブンは180度に予熱しておく

Column

チーズ！ チーズ！ チーズ！

　シンレス京都でも圧倒的に糖質が低く、お客様にも大人気なお菓子が、この本でも紹介している3種類のチーズケーキです。チーズは、脂質は高いものの、良質であり、カルシウムもしっかり取れるという、うれしい食材です。シンレス京都のチーズケーキは、特に低糖質を意識していない方にも好評で、「まるでチーズを食べているよう！」と、うれしいお言葉をいただきます。また、通販でも根強い人気があります。

　その理由は……、「粉を使っていない」ということです。つまり、チーズと卵の力だけで保形しているからです。「チーズそのものを食べてほしい！」「ワインと合う大人のお菓子を作りたい！」という思いで、余分な材料を排除し、シンレス流マイナスの美学で生み出した黄金のレシピです。

　使う材料もシンプルです。3種類のチーズケーキをその日の気分によって、選んで作って、食べ比べてみてください。

1
ボールにクリームチーズと白
胡麻ペーストを入れ、人肌程
度の湯煎にかける

2
泡立て器で、ていねいにほぐ
すように混ぜる

3
クリーム状になるまで、しっ
かりと混ぜ合わせる

4
滑らかになったら、火を止め
た湯煎の余熱にかけておく

5
別のボールに卵白を入れ、全
体が白い泡で覆われた状態に
なるまで泡立てる

6
メレンゲ用甘味料を2、3回に
分けて加えて泡立て、しっか
りとしたメレンゲを作る

Point
最初に甘味料を入れると泡立ち
が悪くなるので少しずつ加える

7
卵黄を加える

8
泡立て器でしっかり混ぜ合わ
せる

9
ゴムベラでキレイにならして
おく

IO

4のボールに、泡立て器でメレンゲをひとすくい入れる

II

叩くようにして、しっかり混ぜ合わせる

I2

残りのメレンゲを全て入れる

I3

ボールを回しながら、内側から外側に動かして混ぜ合わせる

Point

ここでゴムベラに持ち替えてまぜてもよい

I4

ゴムベラで、ていねいに整えるように仕上げる

I5

黒すり胡麻を入れる

I6

中央にゴムベラを入れて混ぜる

I7

ボールに張り付いた生地も、こそぐように混ぜる

I8

「の」の字を書くように、優しく混ぜ合わせる

19

全体が混ざったら、型に流し
入れる

20

180度に余熱しておいたオー
ブンで、35分焼く

21

焼き上がったらオーブンから
取り出し、粗熱をとる

22

冷蔵庫で2時間程度冷やし、
型から外す

23

型を外す際には、まず高さの
ある器などの上に置く

24

そのまま枠だけストンと落と
すと、外しやすい

25

白胡麻ペーストを1cm幅で、
外枠になるように刷毛で塗る

26

白胡麻ペーストの上に黒すり
胡麻を適量乗せていく

27

余分な黒すり胡麻は刷毛を
使って落とす

Part 3 サブレ

あんバターサンド（基本のサブレ）

1セット当たり
糖質
5.9g

エネルギー
91kcal

手亡豆のパウダーで作るオリジナルの白あんを使ったバタークリームは、
まさにシンレス！　まったく罪悪感がないバターサンドを実現しました。
まずは、基本のサブレを作ります。

 材料 （約3cm菊形クッキー型12枚分（6セット））

サブレ生地

無塩バター	……	38g
米粉	……	18g
コーンスターチ	……	25g
アーモンドパウダー	……	25g
胡麻パウダー	……	9g
ラカントS	……	30g
甜菜糖	……	2g
フルールドセル	……	1g
バターミルク	……	9g

あんバタークリーム

バタークリーム	……	37g
	（→86ページ）	
手亡豆ペースト	……	22g

手亡豆ペースト

白あん粉(手亡豆粉)	……	150g
ラカントホワイト	……	200g
水	……	400cc
アガベシロップ	……	15g
糖質ゼロ酒	……	20cc

飾り用

自家製の粒あんなど	……	適量

 下準備

・バターは常温に戻しておく
・オーブンは160度に予熱しておく
・粉類をふるっておく

 作り方

基本のサブレ

1. 常温に戻した無塩バターと甜菜糖と甘味料をカードで切り混ぜる（写真1〜2）
2. ふるっておいた粉類、フルールドセルを2回に分けて加え、カードで切り混ぜる（写真3〜6）
3. バターミルクを加えてカードで切り混ぜる（写真7）
4. 手で揉むように生地をひとまとめにする（写真8〜10）
5. 手のひらを使って擦るように馴染ませる（写真11〜12）
6. シートにはさみ、綿棒で3mmの厚さに伸ばす（写真13）
7. 冷蔵庫で20分生地を休ませる
8. 型抜きし、シルパットもしくはオーブンシートの上に並べる（写真14）
9. 160度のオーブンで15分焼く（写真15）
10. オーブンから取り出し、粗熱をとる

> **Point**
> 厚さ3mmのルーラーを使って伸ばすと均等にきれいに仕上がる

手亡豆ペースト

1. 鍋に白あん粉、甘味料、アガベシロップ、水を入れて弱火で炊く（写真1）
2. ある程度白あん粉が水分を含んだ状態になった時点で、糖質ゼロ酒を加えてサラッとするまで炊く（写真2〜3）
3. 粗熱をとる（写真4）

あんバタークリーム

1. バタークリームを50g、手亡豆ペーストを30g、キッチンエイドで混ぜ合わせる（写真5〜6）

仕上げ

1. サブレの平らな面に、ばら口金であんバタークリームを適量絞る（写真1）
2. 粒あんを乗せる（写真2）
3. もう1枚を被せてサンドする（写真3）

●基本のサブレ

1

2

3

4

5

6

7

8

9

10

11

12

42

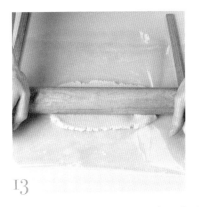
13

14

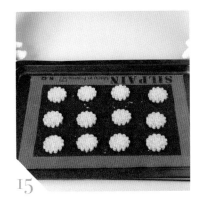
15

●手亡豆ペースト＆あんバタークリーム

1

2

3

4

5

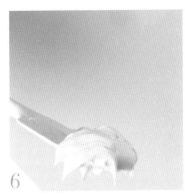
6

●仕上げ

1

2

3

フルーツティー・サブレ

香り豊かなフルーツティーのサブレをかわいい鳥の型抜きで作りました。
おいしい紅茶と一緒にどうぞ！

1枚当たり
糖質
2.8g

エネルギー
43kcal

材料 （約4cmのクッキー型　12枚分）

サブレ生地

無塩バター	……	38g
米粉	……	18g
コーンスターチ	……	25g
アーモンドパウダー	……	25g
胡麻パウダー	……	9g
ラカントホワイト	……	30g
甜菜糖	……	2g
フルールドセル	……	1g
バターミルク	……	9g
フルーツティー(茶葉)	……	3g

下準備

・バターは常温に戻しておく
・オーブンは160度に予熱しておく
・茶葉をミキサーで粉砕しておく
・粉類をふるっておく

作り方

1. 常温に戻した無塩バターと甜菜糖と甘味料をゴムベラで伸ばしながら混ぜ合わせる
2. ふるっておいた粉類と茶葉、フルールドセルを加えてカードで
   切り混ぜる (写真1)
3. バターミルクを加えてカードで切り混ぜ、1つにまとめる (写真2)
4. シートにはさんで綿棒で5mmの厚さに伸ばす (写真3 ～ 4)
5. 冷蔵庫で20分生地を休ませる
6. 型抜きをし、シルパットもしくはオーブンシートの上に並べる (写真5 ～ 6)
7. 160度のオーブンで15分焼く
8. オーブンから取り出し、粗熱をとる
9. 密閉できる瓶などに乾燥剤と一緒に入れて保存する

Point

厚さ5mmのルーラーを使って伸ばすと均等にきれいに仕上がる

1

2

3

4

5

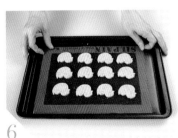
6

ハーブ・サレ

庭で育てたローズマリーを乾燥させて練り込みました。 フレッシュな
香りに癒される優しいサブレは、お好みのハーブでお楽しみください。

1枚当たり
糖質
1.4g

エネルギー
21kcal

材料 (7〜8mm幅16枚分)

サブレ生地 (基本のサブレ)

無塩バター	……	38g
米粉	……	18g
コーンスターチ	……	25g
アーモンドパウダー	……	25g
胡麻パウダー	……	9g
ラカントホワイト	……	27g
甜菜糖	……	2g
フルールドセル	……	1g
バターミルク	……	9g

乾燥ローズマリー (使用量3g)

ローズマリー (生)	……	1本(8g程度)

 下準備

・オーブンは140度に予熱しておく
・無塩バターは常温に戻しておく
・オーブンは160度に予熱しておく
・粉類をふるっておく

 作り方

乾燥ローズマリー
1. ローズマリーを140℃のオーブンで20分程度ローストする (写真1)
2. ブレンダーなどで粉砕もしくは手でほぐし、粗熱をとってから保存瓶に保存する (写真2)

サブレ (基本のサブレ→42ページ)
1. でき上がった生地に乾燥ローズマリーを加え、カードなどで切り混ぜておく (写真3)
2. ラップなどの上に生地をおき、長方体に整える (写真4)
3. 生地を冷蔵庫で約20分休ませる
4. 7〜8mmの厚さにカットし、シルパットもしくはオーブンシートの上に並べる (写真5〜6)
5. 160度のオーブンで15分焼く
6. オーブンから取り出し、粗熱をとる
7. 密閉できる瓶などに乾燥剤と一緒に入れて保存する

Point
上部に乾燥ローズマリーをあしらって焼いても、いい香りがするのでお勧め

1

2

3

4

5

6

蕎麦粉のサブレ

動物性食材を使わずに作ったヴィーガンサブレ。不毛の地でも育つ
蕎麦粉を使用したサステイナブルなお菓子です。

1枚当たり
糖質
2.1g

エネルギー
27.6kcal

材料 （直径3cm×15粒分）

生地

北海道産蕎麦粉	……	40g
胡麻パウダー	……	25g
甜菜糖	……	2g
ラカントホワイト	……	24g
フルールドセル	……	2g
ココナッツファイン	……	2g
太白胡麻油	……	25g
（湿度などにより増減する）		
白ねり胡麻	……	10g
白炒り胡麻	……	7g

飾り用

白炒り胡麻	……	適量

 下準備

・オーブンは160度に予熱しておく

 作り方

1. ボールに蕎麦粉、胡麻パウダー、甘味料、甜菜糖、フルールドセル、ココナッツファイン、白炒り胡麻、白ねり胡麻を加えて、ゴムベラでボールの底をこするように混ぜる（写真1）
2. 絞れるくらいのとろみが付くまで太白胡麻油で調整する（写真2～3）
3. 直径11mmの丸口金を付けた絞り出し袋に入れ、オーブンシートを敷いた天板に直径3cm程度の円形に絞る（写真4）
4. 飾り用白炒り胡麻を少量絞り出した生地の上に散らし、軽く指で押しておく（写真5）
5. 160度で13分程度焼く
6. オーブンから取り出し、しっかり冷えてから器などに移す（写真6）

1

2

3

4

5

6

Point

すぐに食べない場合は、シリカゲルなどの乾燥剤を入れた保存瓶に入れて保存する

チョコガナッシュサンド

さっくりとしたサブレに濃厚なガナッシュをサンド。カカオニブを散らして、カリッとした食感と香りを楽しめます。程よいビター感が心地いい大人の贅沢サブレ！

1セット当たり	
糖質	5.5g
エネルギー	82kcal

 材料 （直径5cm丸型×8枚分【4セット】）

サブレ生地

無塩バター	……	15g
米粉	……	5g
コーンスターチ	……	12g
アーモンドパウダー	……	12g
カカオパウダー	……	4g
ラカントホワイト	……	18g
甜菜糖	……	2g
フルールドセル	……	1g
バターミルク	……	3g

ガナッシュ

35%生クリーム	……	25cc
カカオマス	……	15g
チョコレート	……	5g
液体甘味料	……	13g
アガベシロップ	……	5g
無塩バター	……	8g

飾り用

カカオニブ	……	5g程度

 下準備

- 無塩バターは常温に戻しておく
- オーブンは160度に予熱しておく
- 粉類をふるっておく

 作り方

ガナッシュの調整（→70ページ）
1. 常温で絞り出しやすい硬さになるまで置いておく（写真1～2）

サブレ
1. フードプロセッサーに材料全てを入れ、しっとりするまで撹拌する（写真3）
2. シートにはさんで、綿棒で5mmの厚さに伸ばす（写真4～5）
3. 冷蔵庫で20分生地を休ませる
4. 直径5cmの丸型を使って型抜きし、シルパットもしくはオーブンシートの上に並べる（写真6）
5. 160度のオーブンで15分焼く
6. オーブンから取り出し、粗熱をとる

Point
厚さ5mmのルーラーを使って伸ばすと均等に仕上がる

仕上げ
1. サブレの半量を平らな面を上にして並べる
2. 直径11mmローズ口金を付けた絞り出し袋にガナッシュを入れ、サブレの平らな面に絞る（写真7～9）
3. ガナッシュの上にカカオニブを散らす（写真10）
4. もう1枚のサブレでサンドする（写真11～12）

1

2

3

4

5

6

7

8

9

IO

II

I2

Part 4 カヌレ

基本のカヌレ

外はカリッと、中はもっちり！　低糖質＆グルテンフリーで作る奇跡のカヌレは月間1万個以上も売り上げるシンレス京都の代名詞。毎日食べたい！　作りたい！　やみつきになります。

1個当たり
糖質
9.9g

エネルギー
150kcal

材料 （カヌレ型6個分：60g充填）

カヌレ生地

牛乳	……	120cc
35%生クリーム	……	100cc
無塩バター	……	8g
バニラビーンズ	……	半分
卵黄	……	1個分
全卵	……	3g
ラム酒	……	小さじ1
米粉	……	30g
大豆粉	……	10g
コーンスターチ	……	15g
ラカントホワイト	……	100g
甜菜糖	……	12g

型下塗り用

無塩バター	……	5g
アガベシロップ	……	2g

I

2

下準備

・バニラビーンズは、さやをナイフでヨコに
 さき、刃先で種をしごき出しておく（→29
 ページ）
・ポマード状にした無塩バターにアガベシ
 ロップを入れ、乳化させる
・オーブンは250度に予熱しておく
・刷毛を使って型下塗り用バターをカヌレ
 型に薄めに塗っておく（右写真I〜2）

 作り方

1. 鍋に牛乳、生クリーム、無塩バター、バニラの種を入れ、沸騰直前まで温めて火を止める（写真I〜2）
2. 卵黄、全卵、ラム酒をボールに入れて混ぜておく（写真3）
3. 粉類を大きめのボールに入れ、泡立て器でしっかりと混ぜる（写真4）
4. 3.に、2.を入れ、混ぜ合わせる（写真5〜6）
5. 1.を少しずつ4.に加え、そのつど、泡立て器でしっかりと混ぜる（写真7〜I0）
6. ザルで濾す（写真II〜I2）
7. 氷水でしっかり冷やす。ダマにならないように、冷やしながら泡立て器でかき混ぜる（写真I3〜I5）
8. 7.を型へ注ぎやすいように、注ぎ口のある容器に移す（写真I6）
9. 天板の上にカヌレ型を乗せた状態で秤に乗せ、1つ60gになるように充填していく（写真I7〜I9）
10. 250度で20分焼いたのち、220度に落として10分、さらに、160度で25分焼く
11. 焼成後はすぐに型から外し、粗熱をとる（写真20〜24）

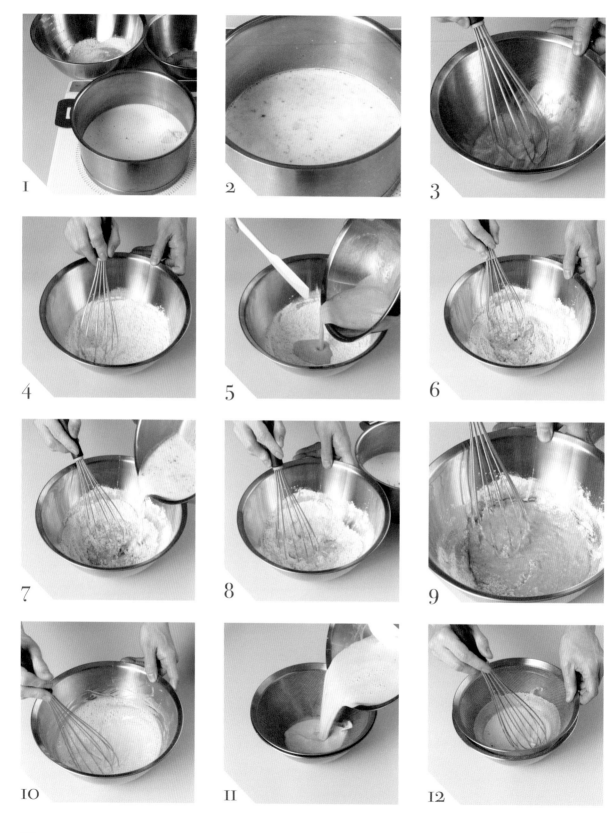

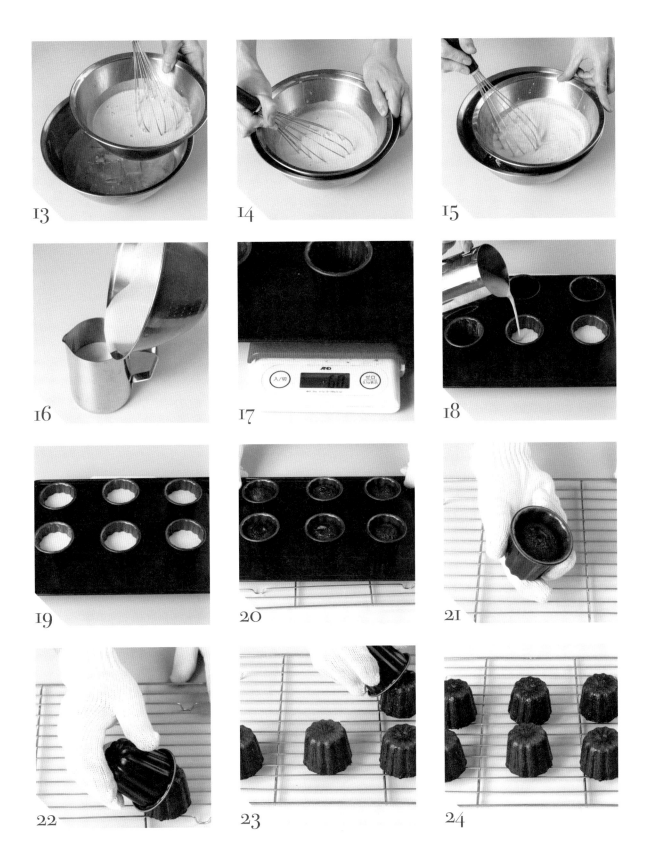

ほうじ茶カヌレ（カヌレ・ドール）

ほうじ茶のコクがカスタードと相まって、ほのかで上品な香りを楽しみながらいただけます。 金粉をまぶした華やかな「黄金のカヌレ（カヌレ・ドール）」です。

1個当たり	
糖質	9.9g
エネルギー	150kcal

材料 （カヌレ型6個分：60g充填）

カヌレ生地

牛乳	……	120cc
36%生クリーム	……	100cc
無塩バター	……	8g
卵黄	……	1個分
全卵	……	35g
米粉	……	35g
大豆粉	……	10g
ほうじ茶	……	5g

（粉もしくはブレンダーなどで粉砕
しておく）

コーンスターチ	……	15g
ラカントホワイト	……	100g
甜菜糖	……	12g

型下塗り用

無塩バター	……	5g
アガベシロップ	……	2g

飾り

金粉など

 下準備

・ポマード状にした無塩バターにアガベシロップを
入れ、乳化させておく
・オーブンは250度に予熱しておく
・刷毛を使って、下塗り用バターをカヌレ型に薄め
に塗っておく

作り方

1. 鍋に牛乳、生クリーム、無塩バターを入れ、沸騰直前まで温めて火を止める
2. 卵黄、全卵をボールに入れて混ぜておく
3. 粉類とほうじ茶を大きめのボールに入れ、泡立て器でしっかりと混ぜる（写真1）
4. 3.に2.を入れ、混ぜ合わせる
5. 1.を少しずつ4.に加え、そのつど、泡立て器でしっかりと混ぜる（写真2）
6. ザルで濾してから氷水でしっかり冷やす
7. 6.を型へ注ぎやすいように、注ぎ口のある容器に移す
8. 天板の上にカヌレ型を乗せた状態で秤に乗せ、1つ60gになるように充填していく
9. 250度で20分焼いたのち、220度に落として10分、さらに160度で25分焼く
10. 焼成後はすぐに型から外し、粗熱をとる
11. 飾りに金粉を上にまぶす（写真3）

1   2   3

松風カヌレ

白味噌と小麦粉と砂糖を蒸し焼きし、胡麻やケシの実を散らした京都の
銘菓・京松風のカヌレ。京女だから作れる逸品です。

1個当たり
糖質
12g
エネルギー
181kcal

材料 （カヌレ型6個分：60g充填）

カヌレ生地

牛乳	……	120cc
36%生クリーム	……	100cc
無塩バター	……	8g
白味噌	……	15g
卵黄	……	1個分
全卵	……	35g
米粉	……	35g
胡麻パウダー	……	10g
コーンスターチ	……	15g
ラカントホワイト	……	100g
甜菜糖	……	12g

飾り用

黒すり胡麻	……	適量
白味噌	……	20g
液体甘味料	……	10g

型下塗り用

無塩バター	……	5g
アガベシロップ	……	2g

作り方

カヌレ

1. 鍋に牛乳、生クリーム、無塩バター、白味噌を入れて温める（写真1）
2. 卵黄、全卵をボールに入れて混ぜておく
3. 粉類を大きめのボールに入れ、泡立て器でしっかりと混ぜる
4. 2.を入れ混ぜ合わせる
5. 1.を少しずつ4.に加え、そのつど、泡立て器でしっかりと混ぜる
6. ザルで濾して、氷水でしっかり冷やす
7. 型へ注ぎやすいように、6.を注ぎ口のある容器に移す
8. 天板の上にカヌレ型を乗せた状態で秤に乗せ、1つ60gになるように充填していく
9. 250度で20分焼いたのち、220度に落として10分、さらに160度で25分焼く
10. 焼成後はすぐに型から外し、粗熱をとる

仕上げ

1. 白味噌、液体甘味料を鍋にいれ、弱火にかけながら刷毛で練り合わせる（写真2）
2. 焼成後の粗熱がとれたカヌレの上面に、刷毛を使って1.を塗る
3. ボールに黒すり胡麻を適量準備しておき、カヌレを逆さにしてディップし、上面に黒すり胡麻が付くように仕上げる（写真3）

下準備

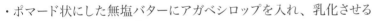

- ポマード状にした無塩バターにアガベシロップを入れ、乳化させる
- オーブンは250度に予熱しておく
- 刷毛で型下塗り用バターをカヌレ型に薄めに塗っておく

I

2

3

白胡麻カヌレ

シンレス京都のご近所にある山田製油さんの素材をふんだんに使った
唯一無二の白胡麻カヌレ。白胡麻の「おめかし」がポイントです。

1個当たり
糖質
10.2g

エネルギー
167kcal

材料 （カヌレ型6個分：60g充填）

カヌレ生地

牛乳	……	120cc
36%生クリーム	……	100cc
無塩バター	……	8g
白胡麻ペースト	……	13g
卵黄	……	1個分
全卵	……	35g
米粉	……	35g
胡麻パウダー	……	20g
コーンスターチ	……	10g
ラカントホワイト	……	100g
甜菜糖	……	12g

型下塗り用バター

無塩バター	……	5g
アガベシロップ	……	2g

 下準備

・ポマード状にした無塩バターにアガベシロップ
　を入れ、乳化させる
・オーブンは250度に予熱しておく
・刷毛を使って型下塗り用バターをカヌレ型に
　薄めに塗っておく

作り方

1. 鍋に牛乳、生クリーム、無塩バターを入れ、沸騰直前まで温めて火を止める（写真1）
2. 卵黄、全卵、胡麻ペーストをボールに入れて混ぜておく（写真2）
3. 粉類を大きめのボールに入れ、泡立て器でしっかりと混ぜる（写真3）
4. 2.を入れ混ぜ合わせる（写真4）
5. 1.を少しずつ4.に加え、そのつど泡立て器でしっかりと混ぜる（写真5〜7）
6. ザルで濾してから氷水でしっかり冷やす（写真8）
7. 6.を型へ注ぎやすいように、注ぎ口のある容器に移す（写真9）
8. 天板の上にカヌレ型を置いた状態で秤に乗せ、1つ60gになるように充填していく
9. 250度で20分焼いたのち、220度に落として10分、さらに160度で25分焼く
10. 焼成後はすぐに型から外し、粗熱をとる
11. 焼成後の粗熱がとれたカヌレの上面に、スプーンで白胡麻ペーストを乗せる（写真10）
12. さらに、白胡麻を乗せる（写真11〜12）

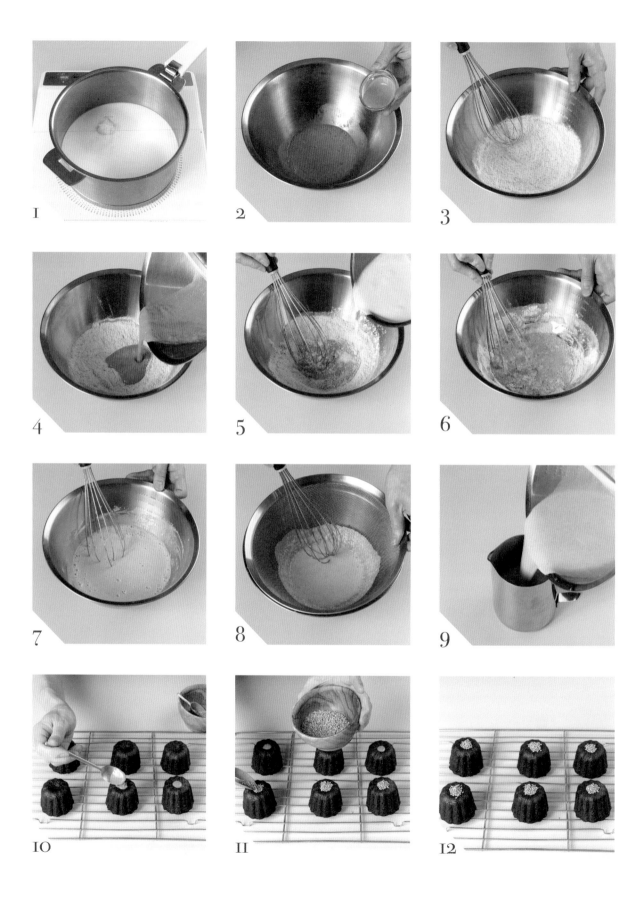

64

Part 5 ショコラ

ガトーショコラ

低糖質焼き菓子の代表作であるガトーショコラ。シンプルだからこそ、
リボンで飾り、特別感を感じるお菓子に仕上げました。

1/8カット当たり
糖質
8.5g

エネルギー
244kcal

材料 (直径15cm型1台分：底が抜けるタイプを使用)

ガトーショコラ

卵黄	……	3個分
卵白	……	3個分
ラカントホワイト	……	100g
甜菜糖	……	3g
塩	……	1g
アーモンドパウダー	……	15g
カカオパウダー	……	22g
35%生クリーム	……	60cc
無塩バター	……	60g
カカオマス	……	22g

ガナッシュ

チョコレート	……	15g
カカオマス	……	20g
液体甘味料	……	30g
無塩バター	……	15g
36%生クリーム	……	60cc

リボンボウ（リボン16本分）

ムースフィルム	……	8枚
クーベルチュールチョコレート		
（砂糖不使用）	……	100g

飾り用

ココナッツパウダー	……	適量

下準備

・オーブンは180度に予熱しておく
・ガナッシュ用に直径15cmのセルクルを用意しておく
・リボンボウ用にマスキングテープ、クリップもしくはマグネットを用意しておく

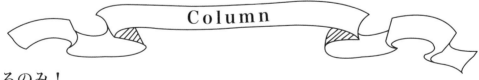

Column

練習あるのみ！

　実は、私はあまり器用ではないのですが、リボンボウなどのチョコレートワークは、がんばってできるようになりました。単に練習あるのみです。ル・コルドン・ブルーでは、卒業試験で必ずチョコレートワークか飴細工でデコレーションしなければならないので、私は何度も何度も練習して本番に挑みました。

　当日は手が震えながらも完成し、卒業式で発表される順位で首席をとって卒業できたことを今も思い出します。

　練習すれば必ずできます！　皆さんもたくさん練習してください。感動しますよ。

作り方

●ショコラ生地

1
生クリーム、無塩バター、カカオマスを湯煎にかけ、泡立て器を使って溶かす

2
湯を張った状態で火を止めて、そのまま湯煎に浸けておく

3
ボールに卵白を入れて、少しずつ甘味料、甜菜糖、塩を加えて混ぜ、メレンゲを作る

4
しっかりとしたメレンゲができるまで泡立てる

5
卵黄を加える

6
卵黄と卵白をしっかり撹拌する

7
もったりした状態になるまで混ぜる

8
生地の一部を2に加える

9
泡立て器で、しっかり混ぜ合わせる（メレンゲの泡を潰す）

10
9を7のボールに戻す

11
ゴムベラで、5回程度混ぜる

12
粉類をボールの上でふるう

13
粉類は、全てふるい入れる

14
中心から外側へと、ゴムベラ
をすくい上げるように混ぜる

15
ダマがなくなるまで、しっか
り混ぜ合わせる

16
ムラがなくなるまで混ぜる

17
型に流し、軽く底をたたいて
空気を抜く

18
180度で30分程度焼く

●ガナッシュ

1
カカオマス、チョコレート、液体甘味料をボールに入れて、湯煎にかけて溶かす

2
鍋に生クリームを入れて人肌に温める

3
湯煎から外したボールに、温めた生クリームを混ぜながら加える

4
ゴムベラを用いて、生クリームを入れては混ぜを繰り返す

5
ツヤのある滑らかな状態になるまで、よく混ぜる

Point
分離した場合、ブレンダーなどで撹拌するとキレイになる

6
常温に戻した無塩バターを入れ、ゴムベラで混ぜて乳化させる

Point
セルクルがない場合、冷まして絞り出し袋で絞り出してもよい

7
直径15cmのセルクルの底にラップを張る

8
バットの上にセルクルを置き、ガナッシュを流し入れる

9
冷凍する

●リボンボウ

1

使い捨てのムースフィルムを
好みの幅にカットする

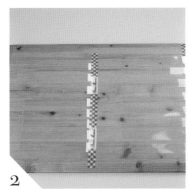

2

作業台にフィルムを並べ、マ
スキングテープなどを使って
固定する

3

テンパリング（→79ページ）
したチョコレートを適量載せる

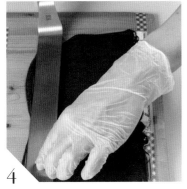

4

スパチュラを使って、ムース
フィルム全体に伸ばす

5

厚みを均等にするため、表面
を往復させてしっかりならす

Point

このとき、表面をこすり過
ぎないように気を付けて！

6

チョコレートがマットな状態
になったのを確認する

7

マスキングテープを外して、
しなるような状態になってい
ればOK

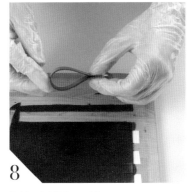

8

優しく半分に折る

9

クリップやマグネットなどを
使って形を整える

IO

タッパーなどに入れて、"必ず
蓋をして"冷蔵庫で一晩休ま
せる

II

ムースフィルムを1枚ずつ外す

I2

好みのリボンボウをイメージ
しながら、実際に重ねてみる

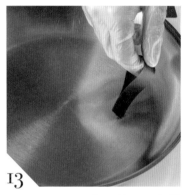

I3

フライパンの底を熱し、余熱
でチョコレートのエッジを溶
かす

I4

形を整えながら、溶けた部分
を糊のように使ってリボンを
重ねる

I5

ていねいに輪郭を整えながら、
1段目を重ねる

I6

同じようにして、2段目も重ねる

I7

全体にボリュームが出るよう
に、3段目も重ねていく

I8

バランスなどを微調整して
完成

●仕上げ

I

焼き上がったら、網などの上に置いて粗熱をとる

2

型の側面に沿ってナイフを入れ、型と生地を離す

3

型からキレイに外しておく

4

粗熱がとれたら、横半分に切る

5

下半分に、凍らせておいたガナッシュをセルクルごと乗せる

6

セルクルの霜を指でこすりながら溶かして外す

7

ガトーショコラの上の部分をのせる

8

ガトーショコラとガナッシュが安定した状態になるように調整する

9

真ん中にリボンボウを乗せる

クグロフ型で作るブラウニー

私が監修し、60万個売れたブルボンの「糖質10％オフ濃厚チョコブラウニー」。その味わいを限りなく再現したレシピです。ご自身に許せる糖質量を考えながら、お召し上がりください。

1/5カット当たり
糖質
7.2g
エネルギー
158kcal

材料 （12cm×5cmのクグロフ型1個分）

ブラウニー生地

カカオマス	……	30g
チョコレート	……	15g
液体甘味料	……	8g
無塩バター	……	40g
卵黄	……	1個分
ラカントS	……	50g
卵白	……	1個分
コーンスターチ	……	10g
アーモンドパウダー	……	15g

グラサージュ（約2回分：1回約40g使用）

カカオマス	……	10g
液体甘味料	……	10g
チョコレート	……	15g
太白ごま油	……	10cc
35%生クリーム	……	50cc

飾り用

ローストアーモンド	……	6粒

型下塗り用

無塩バター	……	5g

下準備

・オーブンは180度に予熱しておく

作り方

ブラウニー生地

1. クグロフ型に溶かした無塩バターを塗り、冷凍庫で冷やしておく（写真1〜2）
2. ボールにカカオマス、チョコレート、液体甘味料、無塩バターを入れて湯煎で溶かす（写真3〜4）
3. 2.に卵黄、甘味料10gを入れ、泡立て器で混ぜ合わせる（写真5〜7）
4. 別のボールに卵白を入れ、大きな泡が立つ程度まで混ぜ合わせたら、残りの甘味料10gを少しずつ入れて、しっかりとメレンゲを作る（写真8〜10）
5. メレンゲを泡立て器でひとすくいとり、3.にそのまま入れてよく混ぜ合わせる（写真11〜12）
6. 残りのメレンゲを5.に入れ、泡立て器でメレンゲの泡が消えないように混ぜ合わせる（写真13〜14）
7. 途中で粉類をふるい入れる（写真15）
8. ゴムベラで優しく混ぜ合わせる（写真16〜21）
9. 冷やした型に流し入れる（写真22〜23）
10. 180度で25分程度焼く
11. 焼成後すぐに型から外し、乾燥しないように気を付けながら粗熱をとる（写真24）

グラサージュ

1. 鍋に生クリームを入れ、煮立たせないように注意しながら人肌程度に温める（写真1）
2. そのほかの材料をボールに入れて湯煎で溶かす（写真2〜4）
3. 2.に1.を少しずつ入れゴムベラで優しく混ぜ合わせ乳化させる（写真5）
4. 注ぎやすいカップなどに入れ直す（写真6）
5. 完全に冷めたブラウニーを網の上に乗せ、グラサージュを全体にかける（写真7〜9）
6. ローストしたアーモンドを飾る（写真10〜12）
7. グラサージュが固まったら網から外し、そのまま皿に盛り付ける

●ブラウニー生地

I   2   3

4   5   6

7   8   9

IO   II   I2

76

簡単テンパリング

つややかで、口溶け滑らかなチョコレートに仕上げるために欠かせないテンパリング。でも、途中で固まってしまったり、逆に溶け切らなかったりと、失敗が多い作業でもあります。私が実践している、シンプルだけど、絶対に失敗しないテンパリングを教えます。

1
湯煎用の湯を沸かし、火は必ず止める

2
チョコレート200gをボールに入れて、湯煎にかける

3
44〜45度まで温度を上げて、溶け切ったら湯煎から下ろす

4
氷を張ったボールを用意する

5
3をボールごと氷に当て、ゴムベラで混ぜる

6
混ぜながら、ゆっくり28度まで下げる

7
5を予熱で温まった状態の1にあてる

8
ゆっくり全体を混ぜながら、31〜32度まで温度を上げる

9
流動性があってツヤツヤな状態が完了の目安

ボンボン・ショコラ

カシスはニュージーランドでは低GI値食品としてよく使われるフルーツです。しかも血糖値の上昇を和らげてくれる「バウンサー」です。疲れたときにスッキリする爽やかな酸味とシンレス得意のガナッシュのコンビは相性抜群です！

1粒当たり
糖質
3.3g

エネルギー
32kcal

材料 （ハートのボンボン型モールド 24粒分）

チョコレート 　……　200g
　　（テンパリングしやすい量）
カシスジャム 　……　50g
　（冷凍カシスを使用し、マンゴー
　ジャムの要領で作る→19ページ）
ガナッシュ 　……　60g
　（ガトーショコラ参照→70ページ）

 下準備

・絞り出し袋にカシスジャムを詰めておく。
・絞り出し袋にガナッシュを詰めておく。
・チョコレートはテンパリングしておく（→79ページ）

 作り方

Point

しっかり落とすと口当たりのよい薄いチョコレートに仕上がる

1. テンパリングをしたチョコレートを絞り出し袋に詰め、モールドの表面ギリギリまでチョコレートを入れる（写真1）
2. モールドを数回トントンと叩きつけて空気を抜く（写真2）
3. 逆さにして、サイドをチョコレート用ヘラでしっかり叩いて余分なチョコレートを落とす（写真3）
4. 逆さにしたまま、チョコレート用ヘラで表面を整える（写真4）
5. 逆さのまま、10分程度おく
6. はみ出した余分なチョコレートをチョコレート用ヘラで削ぐ
7. 逆さにしたまましっかりとラップをして、冷蔵庫で一晩寝かす（写真5）
8. カシスジャムを一晩おいたモールドのチョコレートの上に約3gずつ絞る（写真6）
9. その上からガナッシュを絞り出し、常温に置いたままガナッシュを固める（写真7）
10. テンパリングしたチョコレートを表面に流す（写真8）
11. チョコレート用ヘラを用いて蓋をする（写真9〜10）
11. 10分程度、常温において固める
12. 逆さにしてモールドからチョコレートを外す。このとき、チョコレート用ヘラを使って振動を与えると落ちやすくなる（写真11〜12）

I

2

3

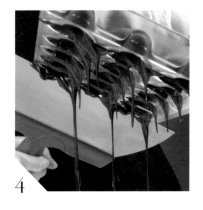

4

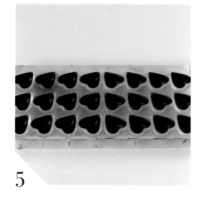

5

6

7

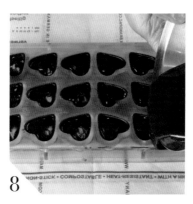

8

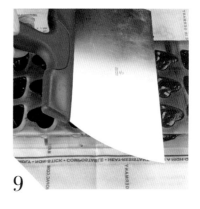

9

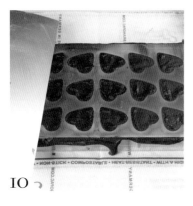

IO

II

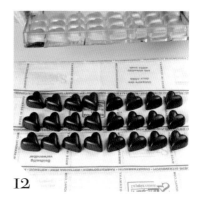

I2

Part 6 バタークリーム

エンゼル・クーヘン

エンゼル型を使ったお菓子。クーヘンとは素朴な焼き菓子を意味します。
バタークリームをたっぷり使ったケーキですが、低GI値食品であるココ
ナッツシュガーを活かして、安心して食べられるお菓子に仕上げました。

1/12カット当たり
糖質
11.3g

エネルギー
265kcal

Part 6

 材料 （直径22cmエンゼル型1台分）

クーヘン生地

卵白	……	3個分
ラカントホワイト	……	85g
ココナッツシュガー	……	8g
卵黄	……	3個分
ラカントホワイト	……	85g
35%生クリーム	……	24cc
ブランデー	……	20cc
米粉	……	28g
コーンスターチ	……	65g
アーモンドパウダー	……	45g
無塩バター	……	150g

シロップ

液体甘味料	……	10g
お湯	……	10cc

バタークリーム（出来上がり約180g）

無塩バター	……	130g
液体甘味料	……	30g
アガベシロップ	……	10g
卵白	……	30g

飾り用

クラッシュアーモンド	……	35g
ココナッツシュガー	……	20g

飾り用

無塩バター	……	10g

 下準備

- 無塩バターを常温に戻す
- エンゼル型にポマード状にしたバターを刷毛で塗って冷凍庫で冷やしておく
- 無塩バターを溶かして準備しておく
- オーブンを170度に予熱しておく

作り方

●バタークリーム

1. 卵白をキッチンエイドに入れて、大きな泡が立つ程度まで軽く泡立てる（写真1）
2. 鍋に液体甘味料とアガベシロップを入れて沸騰させる（写真2）
3. 1.に2.を少しずつ注ぎ入れながら泡立てる（写真3）
4. ツヤがあって角が立つ固さになるまで混ぜ続け、しっかりとしたイタリアンメレンゲを作る（写真4）
5. キッチンエイドの別のボールに常温に戻した無塩バターを入れて、しっかりと撹拌する（写真5）
5. 3.のメレンゲを少しずつ入れてしっかり撹拌する（写真6～7）
6. きれいにツヤのあるバタークリームに仕上げる（写真8）

1

2

3

 作り方

●クーヘン生地

1. エンゼル型にポマード状にした無塩バターを刷毛で塗って、冷凍庫で冷やしておく (写真1)
2. キッチンエイドのボールに卵白を入れ、ココナッツシュガー、甘味料でメレンゲを作る (写真2)
3. しっかりメレンゲができたら卵黄を加えて、さらに泡立てる (写真3〜4)
4. 溶かしバターの中にラム酒を少量入れ、馴染ませる (写真5〜6)
5. 粉類を3.の中へふるい入れ、ゴムベラでざっくり混ぜる (写真7〜10)
6. 混ぜ切ってない状態の生地を適量とり、4.の中に入れ、泡立て器で馴染ませる (写真11〜12)
7. 6.を5.に移し入れ、生地をしっかり混ぜ合わせる (写真13〜15)
8. 冷えた型に7.を流し、オーブン170度のオーブンで30分程度焼く (写真16)
9. 型から熱いうちに外し、しっかりと冷ます (写真17〜18)

13

14

15

16

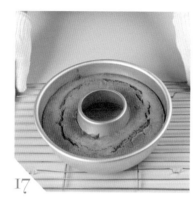
17

18

 作り方

Point
バタークリームが固まっている場合、湯煎で少し温めて柔らかい状態に戻すか、簡易ガスバーナーなどを使用してスパチュラを温めながら伸ばすと扱いやすい

●仕上げ

1. 3段に重ねるときの目印にするため、縦に切れ目を入れる（写真1）
2. ルーラーなどを使って、3枚にスライスする（写真2〜4）
3. 液体甘味料にお湯を加えたシロップを断面に塗る（写真5）
4. バタークリームを適量絞り（片目口金使用）、そのつどスパチュラでならす（写真6〜7）
5. 切れ目を揃えるように3段に重ねる（写真8）
6. 残りのバタークリームを均一になるように全体に塗る（写真9〜10）
7. 飾り用のクラッシュアーモンドとココナッツシュガーをしっかり混ぜ合わせて、全体にまぶす（写真11〜12）

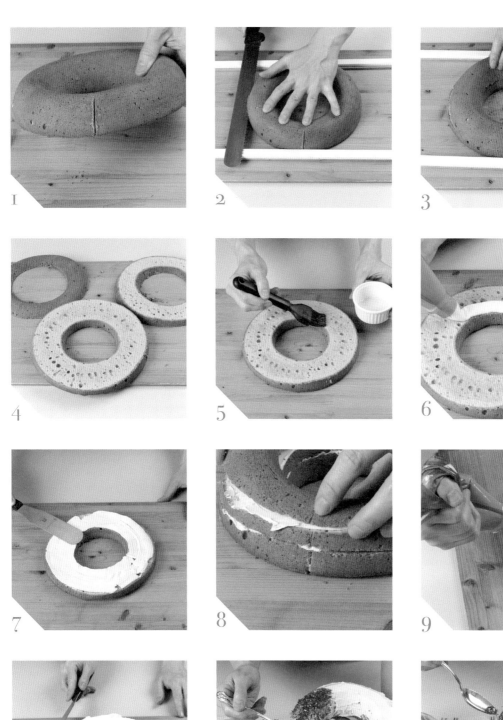

ログケーキ

いわゆる「ブッシュドノエル」です。チョコレートを使わず、カカオマスで
味を整えたバタークリームが自慢です。

3.8cm幅の
1カット当たり
糖質
4.8g
エネルギー
180kcal

  材料 (約300×200×35mmの1本分)　🍳 下準備

スポンジ生地

全卵	……	4個
ラカントS	……	90g
甜菜糖	……	5g
大豆粉	……	10g
米粉	……	5g
クリームチーズ	……	50g

飾り用チョコバタークリーム

カカオマス	……	20g
バタークリーム (→85 〜 86ページ)		
	……	150g

・スポンジ生地を作る (→98 〜 100ページ：本 レシピでは型抜きはしない)

 作り方

チョコバタークリーム

1. 湯煎でカカオマスを溶かしておく
2. バタークリームをキッチンエイドのボウルに入れ、泡立てる
3. 2.に少しずつ1.を加えて、しっかり混ぜる

仕上げ

1. 型から外したスポンジ生地を裏返し、網を乗せて少しずつ敷紙を外していく (写真1〜3)
2. スポンジ生地を紙に乗せて側面を切り落とし、きれいな長方形にする (写真4〜5)
3. チョコクリーム140gをスパチュラで全体に塗り広げる (写真6〜7)
4. 手前を持ち上げて指で押さえながら、一気にくるくると巻いていく (写真8〜11)
5. 2/3を切り分け、飾り付けしていく (残りは、切り株状に飾り付けるとよい) (写真12)
6. 片目口金をセットした絞り袋にチョコバタークリームを詰め、
   ロールケーキの表面全体にチョコバタークリームを均一に伸ばす (写真13〜14)
7. 温めたスパチュラを使いながら、チョコバタークリームをならしていく (写真15〜17)
8. 口金 (ロザス) をセットした絞り袋にチョコバタークリームを入れ、ケーキ上部に飾る (写真18)

Point

もちろん、そのま まロールケーキと して食べてもおい しいです！

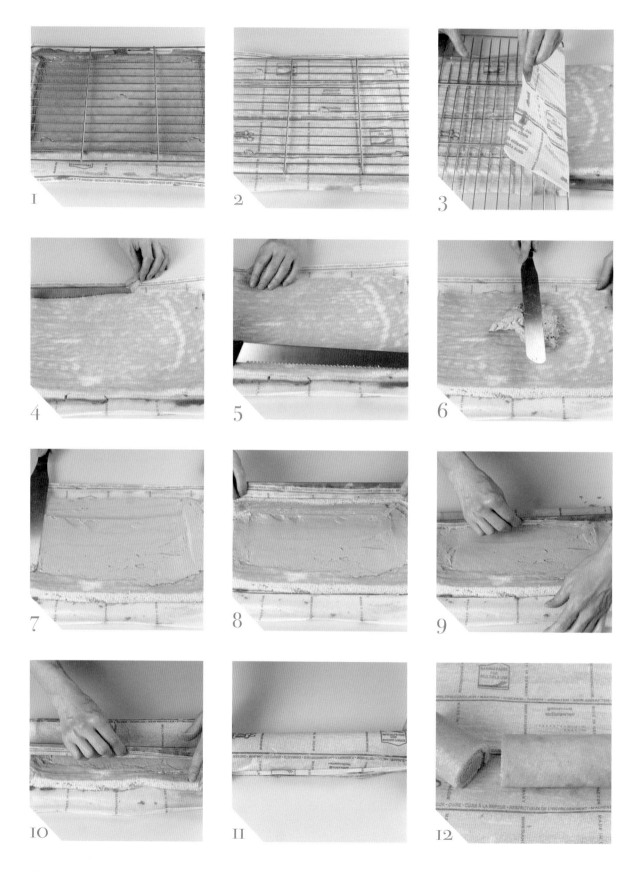

13

14

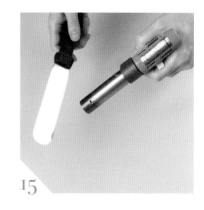

15

16

17

18

Column

手亡豆のバタークリーム

　上質な発酵バターは、洋菓子好きにはたまらない材料の1つでしょう。脂質も高く、カロリーも高い！

　でも低糖質の世界では、なくてはならない存在なのです。「血糖値を下げるために糖質摂取量を控える」と「脂質の摂取量は必ず増える」のです。そうしないと、栄養が回らないという原理で、学術的にも証明されているそうです。つまり、両方をなくすということは、人間が生きていく上では栄養的に不可能なのです。

　そう聞くと、バターを取ることの罪悪感はなくなりますが、バターだけでは重くてどっしりして飽きてしまいます。カロリーも気になります。

　そこで、この本では卵白をメレンゲにしてバターに加えることで、軽く食べやすい基本のバタークリームとして使っています。ログケーキ用には、フレーバーとしてカカオマスを混ぜました。また、完全オリジナルな発想で、手亡豆の粉を使って、おいしくて軽い仕上がりのバタークリームを作ることに成功しました。このクリームの余韻は、ほんのり蜂蜜のような香りになるのが不思議です。

　こんな風に、いろいろなアレンジが効くのもお菓子作りの楽しさですね。ぜひ、オリジナルのバタークリームを考えて、作ってみてください。

お花のお祝いケーキ

手亡豆のペーストを混ぜ込んだ軽いバタークリームでお花を作って飾って
います。作るも楽しい。食べるもおいしい。そして、とにかくかわいい！

1/6カット当たり
糖質
7.4g
エネルギー
243kcal

材料 （直径15cmケーキ1台分）

基本のスポンジ生地

全卵	……	4個
ラカントホワイト	……	100g
甜菜糖	……	5g
大豆粉	……	10g
米粉	……	5g
クリームチーズ	……	50g

シロップ

液体甘味料	……	10g
お湯	……	10cc

飾り用バタークリーム

バタークリーム（→86ページ）	……	180g
手亡豆ペースト	……	50g
抹茶	……	3g
色粉	……	適量

 下準備

・バタークリームと手亡豆ペーストを泡立て器で混ぜ合わせておく
・飾り用の花を7輪作り、冷凍庫で凍らせておく
・オーブンを180度に予熱しておく

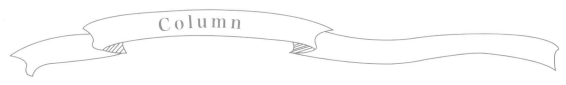

Column

お祝いのお花のケーキ

　私が初めてお花のケーキに出会ったのは、今から約20年前、シンガポールに住んでいるときでした。とにかく日本では見たことのない派手な色で、決して味に重きを置いていないということがわかるケーキでした。とはいえ、これが結構売れているのです。きれいなお花のケーキを用意してお祝いするということに少しばかりジェラシーを感じ（おいしいだけのケーキじゃダメなのか！）、ワークショップに参加することにしました。早朝のクラスにもかかわらず、どうしても習得したいと強い決意を持っての参加でした。

　当時の私は、多忙であったために宿題をこなすには夜中しか時間がなく、それでもがんばって練習しました。当時は、アメリカンスタイルの砂糖が溶け切っていないジャリジャリとした食感の派手なカラーのバタークリーム（とは名ばかりで、実際はショートニングで作ったもの）をお花のように絞る

というものでした。ただ、どうにも日本人の口には合わないようで、仕上がったケーキを日本人の集まりに持っていっても味の評価は高いものではありませんでした。

　月日は流れ、帰国後はおいしいケーキを作ることに一生懸命でしたが、白あんで花を絞って飾るお菓子が大人気で、私ももう一度挑戦することにしました。東京まで習いに行くなど、自分らしく、個性あるお花の絞り方を研究しました。

　その成果が、この本で紹介しているお花のケーキです。バタークリームで作るお花は柔らかく、飾るときに潰れたりするので、必ず冷凍して手早く飾ることをお勧めします。まだまだお花絞りは奥が深く、さらに研究を重ねて、低糖質でも華やかなお花たっぷりのお菓子を作って紹介していきたいと思っています。

 作り方

●飾り用のお花
1. バタークリーム110gと赤色の色粉を泡立て器で混ぜ合わせる (写真1 〜 2)
2. フラワーネイルの中心に備え、土台を作る (写真3)
3. ペタルチップ口金をセットした絞り袋に1.を入れ、お花の中心から絞る (写真4 〜 5)
4. 中心に被せるように3枚絞り出す (写真6 〜 11)
5. その周りに、花びらに見えるように5枚絞り出す (写真12 〜 14)
6. きれいなお花に見えるように、好みの形に整える (写真15 〜 16)
7. ベーキングシートを敷いたトレイの上で、リフターを使用しながらお花が重ならないように置いていく (写真17 〜 18)。これを7輪作る
8. 飾りやすいように、冷凍庫で冷やし固める

1

2

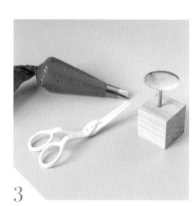

3

4

5

6

作り方

●スポンジ生地

1. ロールケーキ型 (約300×200×35mm) にベーキングシートを敷いておく (写真1)
2. クリームチーズをボールに入れて湯煎にかけ、泡立て器で混ぜながらポマード状にする (写真2)
3. キッチンエイドのボールに全卵を入れ、甘味料、甜菜糖を少しずつ入れて泡立てる (写真3 〜 5)
4. 大豆粉、米粉をふるいながら加え、ゴムベラで混ぜる (写真6 〜 7)
5. 2.に4.の一部を入れて、泡立て器でしっかりと混ぜ合わせる (写真8)
6. 5.を4.に戻してゴムベラで混ぜる (写真9)
7. 敷紙をセットしたロールケーキの型に流し、スパチュラで表面をならす (写真10 〜 12)
8. 180度で15分焼く
9. 焼成後、型から外し、生地が縮むのを防ぐため、敷紙の四方をはがしておく (写真13 〜 20)
10. 粗熱をとり、直径15cmのセルクルで3枚分を型抜きする (写真21 〜 24)

Point

網を乗せて、少しずつずらして紙をはがすと、きれいに外れます

I

2

3

4

5

6

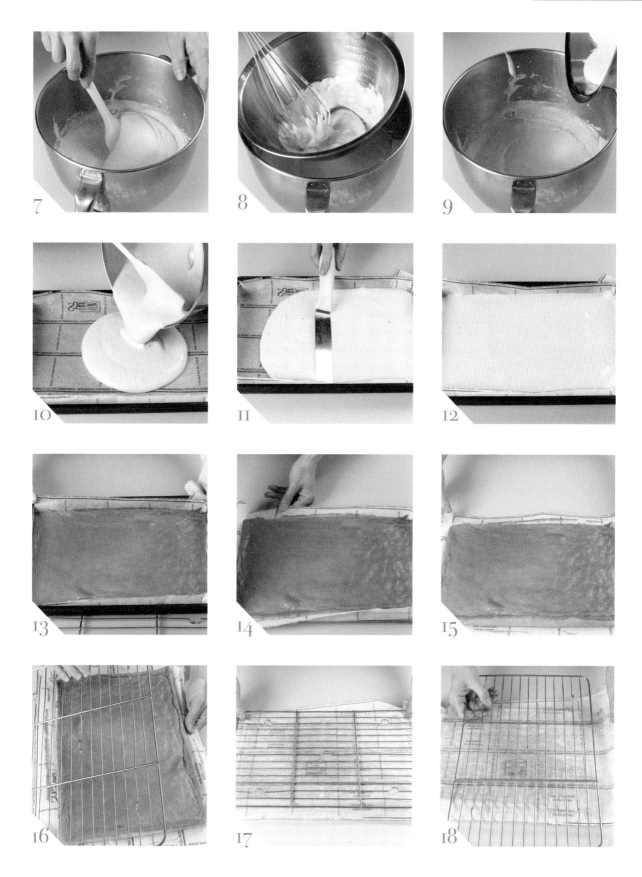

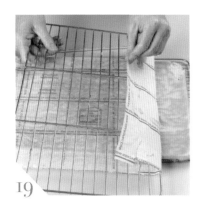
19

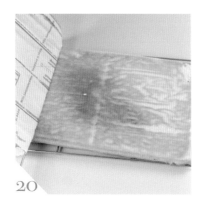
20

21

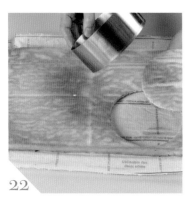
22

23

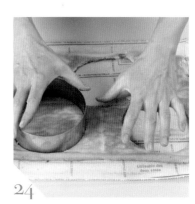
24

 作り方

Point

お好みの色を付けたい場合は、色粉としっかり混ぜ合わせておく

● 仕上げ

1. ナッペ用のバタークリーム 100g は、丸口金 9mm をセットした絞り袋に入れておく
2. 葉っぱ用にバタークリーム 20g と抹茶 3g を混ぜ合わせ、葉っぱ用口金をセットした絞り袋に入れておく
3. 回転台の中心に生地を置き、一番下の生地の上面に、液体甘味料にお湯を加えたシロップを塗る(写真 1)
4. ナッペ用クリームを絞る (写真 2 ～ 5)
5. 両面にシロップを塗った生地を上に重ねる (写真 6 ～ 7)
6. 真ん中の生地にナッペ用のクリームを絞る
7. 両面にシロップを塗った生地を上に重ねる (写真 8)
8. 全体にクリームを絞り、スパチュラできれいに表面をならす (写真 9 ～ 13)
9. ケーキの縁に一周ぐるりと、色付きのバタークリームを絞る (写真 14 ～ 15)
10. 上面に冷やして固まったお花を配置する (写真 16 ～ 21)
11. ポイントに葉っぱ用バタークリームを絞り出す (写真 22 ～ 24)

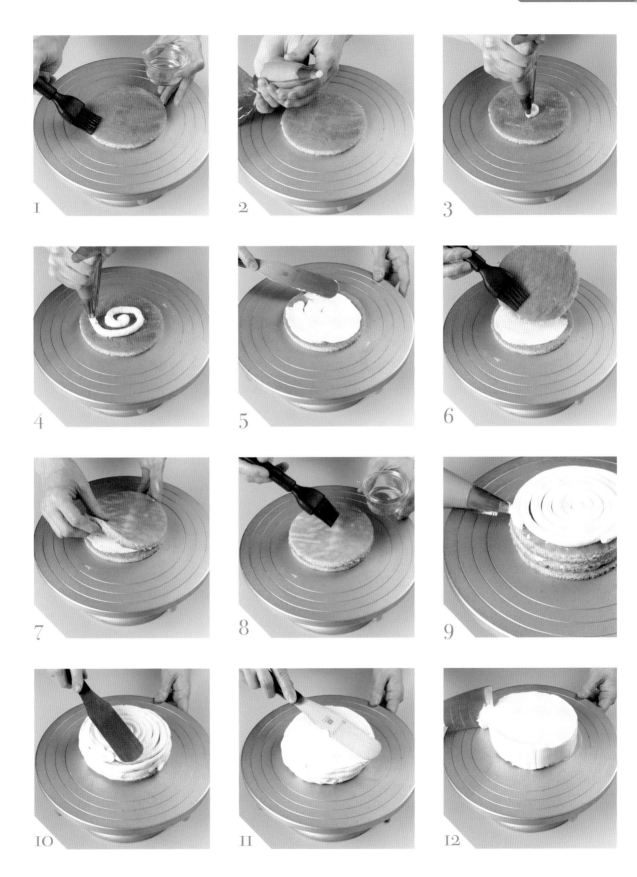

1

2

3

4

5

6

7

8

9

10

11

12

Part 7 ヴィーガンのお菓子

アイスじゃないよ！

古くから生薬として利用されてきた本葛を使った溶けないアイス。
でも、これってアイスじゃないんだよ。灼熱の夏にぜひどうぞ。

1本当たり
糖質
2.9g

エネルギー
47kcal

材料 （シリコンアイスバー型3cm × 7cm × 3cm 8本分）

国産本葛	……	16g
ラカントホワイト	……	15g
ココナッツミルク	……	200cc
イチゴジャム (→12ページ)	……	50g

作り方

1. ココナッツミルクを入れた鍋に、本葛を入れて溶かす (写真1)
2. 甘味料を加えて弱火にかけ、ゴムベラで約2分程度、艶が出るまで混ぜる (写真2)
3. 火を止めてジャムを加え混ぜ合わせる (写真3 〜 4)
4. 再度火にかけて、全体に熱が入りとろとろの状態になったところで型に流す (写真5)
5. 冷凍庫で冷やし固める (写真6)

1

2

3

4

5

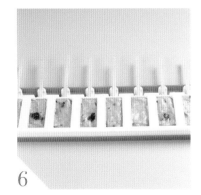
6

フルーツポンチ

夏は喉越しよく、冬は乾燥した喉を潤すポンチ風ゼリー。
糖質をしっかり管理しながらアガーで作ります。

1本当たり
糖質
33g

エネルギー
7.9kcal

材料 （160ccの容器4個分）

ゼリー

水	……	600cc
紅茶アールグレイ茶葉	……	7g
カルダモン	……	2粒
ラカントホワイト	……	70g
甜菜糖	……	5g
アガー粉末	……	10g

フルーツ

オレンジ	……	1/2個
キウイ	……	1/2個
マンゴー	……	1/4個
イチゴ	……	4粒
ブルーベリー	……	1粒

作り方

1. フルーツは食べやすい形にカットして、均等に器に入れておく（写真1）
2. カルダモンはすり鉢などを使って潰しておく（写真2）
3. 水と茶葉、カルダモンを鍋に入れて蓋をして温め、沸騰したら火を止め、20分程度蒸らす
4. 3.をザルで濾し、さらに紅茶用ストレーナーなどを使って濾し、冷ます（写真3）
5. 4.を鍋に戻し、2.を少しずつかき混ぜながら加える
6. 鍋を中火でゆっくりと沸騰させ、沸騰したら火を止めて氷水に当てて粗熱をとる
7. 甘味料・甜菜糖・アガー粉末をボールに入れて混ぜ合わせる（写真4）
8. 6.に7.を入れて、一煮立ちさせる（写真5）
9. とろみが出てきたらフルーツの入った器に注いで冷蔵庫で一晩冷やし、しっかりと固める（写真6）

1

2

3

4

5

6

黒胡麻ガレット

甘いお菓子に疲れたり、ちょっと小腹が空いたときにもちょうどいい甘じょっぱいガレット。白胡麻・黒胡麻を使って見た目も華やかに。グルテンフリーにするときは、お醤油もグルテンフリーのものを使います。

1枚当たり	
糖質	1.6g
エネルギー	41kcal

材料 （直径6cm×8個のシリコン型）

甜菜糖	……	5g
ラカントホワイト	……	10g
液体甘味料	……	10g
炒り黒胡麻	……	25g
炒り白胡麻	……	25g
濃口醤油	……	小さじ1
フルールドセル	……ひとつまみ	

Point

フルールドセルは塩の花という意味で、焼き菓子などに入れると溶けずに食感が残り、それがアクセントとなって、おいしさが増します

作り方

1. 甜菜糖、甘味料、液体甘味料を広めの浅鍋に入れて、ゴムベラで混ぜながら溶かし、焦げる直前でとろ火にする（写真1〜2）
2. 炒り黒胡麻、炒り白胡麻を入れる（写真3〜4）
3. フルールドセルを入れる（写真5）
4. 最後に醤油を入れて混ぜ合わせる（写真6〜7）
5. ゴムベラを使いながら、適量ずつ隙間なくシリコン型にはめこむ（写真8〜9）
6. 粗熱がとれ、しっかりまとまってから型から外す

シンレス京都が考える
アフタヌーンティー

一食当たり
糖質
40g
以下
に設定しています

私は、通算20年にわたってシンガポールでの海外生活を経験しています。東南アジアではアフタヌーンティーの文化が根付いており、シンガポールや香港は、かつてはイギリス領の植民地だったということもあって、アフタヌーンティーはホテルのロビーラウンジを利用したおしゃれな空間で経験できるものでした。香港のペニンシュラ、シンガポールのラッフルズホテルなどが、その代表格です。お値段もリーズナブルで、現地では生活に密着した食文化として人々に親しまれており、とても人気がありました（現在は、物価上昇で高級なものになってしまいました……）。

　私がよく楽しんでいたアフタヌーンティーの利用法は、昼食をとらずに、午後3時から6時ころに利用する、名前の通りのアフタヌーンティーでした。もちろん、特別なお出かけで利用することもありましたが、どちらかというと、本を片手に、何十種類もある紅茶のリストを片っ端からチャレンジし、とことん1人で長居することが多いものでした。周りを見渡すと、男性のビジネスマンも多く、彼らも1人で仕事をしながらホテルのロビーラウンジで過ごしているようでした。

　また、シンガポールにはハイティーという文化も持ち込まれており、西洋と東洋の食文化を融合した料理やデザートが、豪勢なビュッフェスタイルで華やかに並び、中にはシャンパーニュやローストビーフなども提供されるなど、多種多様に楽しめるダイナミックなものでした。若気の至りもあり、多い時には週3回、そんな生活を過ごしておりました。

　ところが、ある日、アフタヌーンティーの後に喉が渇き、ぼーっとする感覚が増してきたことに気付きました。最初は熱帯雨林のシンガポールだからだろうなあと思っていたのですが、その後、顕著に「血糖値が上昇した際の体の変化」を感じるようになりました。そのときの経験が、シンレス京都が考えるアフタヌーンティーは「おにぎり1つ分の糖質量40gを切る」ことを目標として構成している理由となっています。

　シンレスカフェとしてアフタヌーンティーを提供していたときは予約が相次ぎ、また客席がテラスのみで季節によってはお断りせざるを得ないことも多かったのですが、それにもかかわらず、たくさんの方にご利用いただき、シンレス流アフタヌーンティーは需要があったのだと考えています。

　本書のお菓子を組み合わせて、お家アフタヌーンティーをお楽しみください。

● 著者プロフィール

阪本 久枝（さかもと ひさえ）

シンレス京都パティシエール。「シンレスラボフードデザイン」主宰。低糖質菓子研究家。甲南女子大学非常勤講師、栄養士、調理師。神戸フランス料理研究会理事メンバー。店舗では「処方菓子」を作って、その方が必要とされるお菓子のオーダーメイドを実施、提供・販売している。また、お菓子教室にも力を入れている。1999年から2011年までシンガポールに在住し、レストランやカフェなどを経営・プロデュース。帰国後も、出張ベースながらシンガポールでの監修事業に力を入れる。主にシンガポール大学との共同研究にて33品の身体のことを考えたレシピを考案・監修・提供。カフェ向けお菓子商品制作や企業向けレシピ制作・監修多数。ウエルシア薬局「糖質控えめシリーズ」では、焼菓子の監修、中でもブルボン×ウエルシア薬局×SINLESSで商品開発した「ブルボン ミニ 濃厚チョコブラウニー 糖質10％オフ」は60万個売れる大ヒット商品となった。著書に『昨日より太らないお菓子できました。』(秀和システム) がある。

撮影：ヨシダ トクジ
スタイリング・栄養計算：阪本 久枝 (シンレス京都)
アシスタント：まつやま さえこ、若杜 知美
アートディレクション：岡本 華奈
DTP：本薗 直美 (ゲイザー)
レシピ原稿整理：加納 久美子
協力：株式会社シナジートレーディング (https://www.synergytrading.co.jp/)
　　　サラヤ株式会社 (https://family.saraya.com/)
　　　株式会社浅田飴 (https://www.asadaame.co.jp/)
　　　株式会社山田製油 (https://www.henko.co.jp/)
　　　株式会社チェリーテラス (https://www.cherryterrace.co.jp/)
　　　株式会社富澤商店 (https://tomiz.com/)

シンレス京都のレシピそのまま！
低糖質なのに本格派のお菓子

発行日	2024年4月1日	第1版第1刷

著　者　　阪本 久枝（さかもと ひさえ）

発行者　　斉藤　和邦
発行所　　株式会社　秀和システム
　　　　　〒135-0016
　　　　　東京都江東区東陽2-4-2　新宮ビル2F
　　　　　Tel 03-6264-3105 (販売) Fax 03-6264-3094
印刷所　　株式会社シナノ

©2024 SAKAMOTO Hisae　　　　　　　　Printed in Japan

ISBN978-4-7980-7166-4 C0077